JN411887

빗줄기 껍질 없다

님께

이 시집을 드립니다.

이종영 시집

빗줄기 껍질 없다

초판인쇄 2025년 3월 13일
초판발행 2025년 3월 25일

지은이_ 이종영
발행인_ 이현자
발행처_ 도서출판 현자

등　록_ 제 2-1884호 (1994.12.26)
주　소_ 서울시 중구 수표로 50-1(을지로3가, 4층)
전　화_ (02) 2278-4239
팩　스_ (02) 2278-4286
E-mail_001hyunja@hanmail.net

값 12,000원

ISBN 978-89-94820-03-3　03810

빗줄기 껍질 없다

이종영 시집

도서출판 현자

시인의 말

36년 동안 한 주소에 정착하며 살았듯이

시 세계에서 24년 살았다.

그러다 보니 몇 권의 개인 시집과 다수의

공저를 상재하며 시 울타리서 야트막이 지냈다

이번에 또 한 번 삶의 흔적과

사물의 의미를 내 시각으로 풀어 놓듯

조심스레 시집을 낸다.

2025년 봄

이종영

차
례

I 부/ 겨울 골목 바라보면

Ⅱ부/ 나비

Ⅲ부/ 빗줄기 껍질 없다

Ⅳ부/ 10월의 안부

I 부

겨울 골목 바라보면

지팡이

옷가지 훌훌 털고
살마저 짐 될까
꺾고 꺾은 영혼

땅 딛는 소리
돌 치는 소리
세상 시름 부딪히는 소리

맑게 가늠하는
눈먼 설움 달래는 동행자

달리거나 뜀
허용하지 않는 수행자 걸음.

늙은 호박

쇠꼴 베는 시퍼런 낫 소리 무성한 언덕배기 앉아 있어도
꼭지 옆으로 비틀거나
자리 들썩이지 않는다

벌레 들어올세라,
흉흉한 소리 들을세라,
번잡한 냄새 맡을세라,

삼복더위 두껍게 입고
잎새 흔들고 간
바람의 그림자 마실 뿐

가슴 덮이는 노란 입덧 비우고 비워
젖 내음으로 흠도 티도 없이 하얀 사랑 넉넉히 키우는
마흔 넘어 동생 잉태한 엄마 닮았다.

아름다운 생 앞에

두 손 모아야 비로소 묶어지던 머리카락
언제부터 한 손으로 충분하다 싶더니
아예 손가락만 대도 묶어진다

헐거워진 머리도 머리지만
파 뿌리 같은 흰 머리카락

미처 눈치채지 못한 세월 목격한다
뽑아낼 수 없는 바람처럼

그러나 뒷걸음으로 갈 수 없는 인생

흰 머리카락 사이에 아직 배웅하지 않을 그리움을 심는다.

수박

큰손이든 작은 손이든
누구의 한 손에 잡히지 않아도 먹힌다

통
통
통
누가 쳐도
쉼. 소리 맑을수록 잘 먹히는

칼끝이 심장 푹 찔러도
단 한순간도 움츠린 적 없이
쫙 악 내어 주는 몸
해탈이다.

겨울 골목 바라보면

골목 좁힌 크고 작은 빈 상자들
젊은 아낙 아쉬움 접듯
밖을 접어 친절한 손수레에 싣는다

물끄러미 골목 바라보면

얇은 햇살 깨질까 부서질까
이슬 밟은 소리로 걷는 아이 있고
뉘 집 창문 덜렁덜렁 찬바람 들어가는지?
순찰하듯 눈동자 불 켜는 고양이도 있다

몇 발짝 들어가면
여름 내내 쫓겨 난 화분에 무지갯빛으로 한 살림 차린 꽃들
갈잎으로 갈잎으로 다독이는 것도 있고
화석으로 남은 소문,
엎질러진 물엿 같은 비애
절레절레 빗질하는 바람도 있다

한참 그 소리 듣고 있으면
몇 겹의 먹구름이 밟고 간 내 이마에 걸린 서늘한 달력
차마 헛기침으로 뗄 수 없다.

속울음

땅에 넘어진 울음이
단 한 번에 터뜨릴 수 있는 물풍선이라면
응급실 다급한 보호자는
쏟아 낼 수도 쏟아내서도 안 되는 막장의 물동이

불안한 눈빛에 흔들릴까
갈라지는 입술에 금 갈까
무너지는 업장에 깨질까

고개 정물처럼 숙이고
손목 으스러지도록 주먹 다잡을 뿐

누구도 젖지 않게 하는 붉음이다.

허탈을 입다

쇼윈도 마네킹 몸매엔 관심 없다
입고 싶은 옷에만 있다

누구의 디자인이고 어디서 만들었고 가격이
얼마냐는 별문제 되지 않는다

정작 궁금한 건
입을 수 있느냐이다

언제나 그랬듯이
쇼윈도에 비추는 뱃살의 무게만큼
한숨 깊게 말아 먹을 뿐

눈요기 뜨겁게 하고 만다.

단결

결을 맞추지 못한 털실은 실밥이 된다

뜯겨 나가는 일밖에 없을 때
비로소 눈 뜨는 겸손과 화합

터득까지 아니어도
뒤돌아보면 이해만으로 충분한 결의 의미

이념과 형상 달라도
인정하고 인정받으며
한 올 한 올 받쳐주고 밀어주는
배려하는 흡족한 힘

결을 맞추지 못한 털실은 헛 무늬다.

11월은 그랬다

털모자 털목도리 털장갑 덧신
선보이는 11월이 가장 따뜻하다

겨울밤 아랫목에 묻어 놓은 밥그릇처럼
우표 먼저 붙이고 쓰는 편지처럼
음미하면 순해지는 행복처럼

누구에게도 고만고만한 11월 있듯

나에게도
삐죽한 모서리 많은 마음 맞이하는
당신 품이 11월이다.

장마철

저녁 밥상 시선 딱 두 번 찍히고
수저만 달랑

희뿌연 방은 쉰내 나는 양말이 주인이다

담장엔 길 놓친 흙탕물 소리가 흐물흐물 그림 그리고
뒷간 널빤지엔 고양이 눈동자가 곰팡이를 삭힌다

열하루 넘는 빗줄기
삶을 옭아내는 밧줄이 되고

도시로 간 아들 녀석 등록금 걱정에
아버지 막걸릿잔에서 밤새 보름달 펴는 소리가 난다.

대나무의 소망

기센 마음 베어 가세요

당신 손으로 쪼개고 쪼개 더는 쪼갤 수 없을 때까지 쪼개

오줌 싸게 키 되어도 좋고
물 빠지는 소리로 하루 끝내도 좋아요
잔칫집 녹두전 호박전 동태전 동그랑땡으로
온몸 기름 냄새로 젖어도 괜찮아요

진달래 빛 소녀의 냉이 쑥 달래 참나물 넘실거리는 작은 바구니 되면
금상첨화예요
손끝만 닿아도 부드럽게 휘청거리는
가늘 대로 가늘어진 사랑이고 싶어요.

동전 한 닢

형편 바랜 서랍에 굴러다녀도 구김살 없다

세상 물정 고요해서일까
홀로 와 덩그러니 남든
얹혀 오고 얹혀 가든

표정 바꾸지 않듯
몸 팔랑거리지 않듯
앞뒤 약속 다른 불량 없다

설령 한 닢 가난으로 돌아와도
혓소리 찢는 소리 없이

딸랑
마알간 소리 동그랗게 품고 있을 뿐

스스로 은폐시키지 않는
저 진솔함

내 60년근 욕망 부끄럽게 한다.

뚜껑

한 솥에 오래 있다 보면
쌀 안치는 일이 소꿉놀이하듯 재미있고 신나는 것 아니다

밥 되는 날 있고
죽 쑤는 날 있고
누룽지로 남는 날 있다
때로는 시커멓게 태워 박박 문지르는 소리에 눈칫밥 짓기도 하며
오장육부 눈물로 절인다

그러나 나도 먹고 남도 먹어야 하기에
쌀눈 같은 진심이 뜨거운 풍상 견디듯
숨 막히는 열기 치솟는 울분
뚜껑에 난 바늘구멍으로 내뿜을 뿐

뚜껑 뒤집지 않는 거북이 등처럼
내 안의 소신된다.

허위

흘린 말들이 미끼가 된다

진실에서 빗나간 몸짓 원숭이다

허공에 몸 맞추려는 오기
화려한 박수갈채 모을 뿐

재주가 빛 되지 못하고 흔적 남긴다

효행을 흥정하는 길들여진 노래
덫 될까
묻힌 웃음 툭툭 털고 흩어진다

미끼가 밥 되지 않는다

항생제 썩는 세상일지라도.

노천 학교엔 왕따 없다

쑥부쟁이든 개망초든
어디서 날아왔는지 모를 민들레든
이름 갖지 못한 풀이든
함께 하늘 우러르며 지낸다

훈화 같은 말 들어 본 적도
가슴 울리는 수업 받아 본 적 없다

허물없이 지내는 것이 공부라는 듯
맨몸으로 열린 가슴 내어준다

편견과 오만으로 따돌림 병 만드는 일 없이
모두가 있는 자리에서 입학하고 졸업한다

평생 동무라는 듯.

Ⅱ부

나비

물꽃

뜨락에 떨어지는 두려움
동그랗게 그리다 마는 빗방울
창백한 꽃이다

피고 지고 피고 져도 상처 맑아
안타까움 고요해지는

여린 봄날 풀잎 소리 나는
내 언니 그리운 풍경 같은 꽃

촛불마저 수선스러운 날
빗줄기에 기대여 가만히 내려다보면

초연을 묻게 하는

하나의 생명이다.

웃음꽃

꽃이라서 피는 것이 아니라
피어서 꽃이 되는

천지사방 어디에서 피어도
마음밖에 피지 않듯
고개 숙이고 피지 않듯

떨어져도 다시 피듯
따로 씨받이 두지 않는

이목구비 환하게 피게 하는 秀作

누구도 꺾을 수 없는
혼의 꽃.

나팔꽃

나팔꽃이 아름다운 건
속까지 환해지도록 웃어서도 아니고
눈동자처럼 크고 둥근 씨앗 남겨서도 아니다

꽃잎
열 때와 닫을 때를 분명히 아는 것이다

그리하여
밤낮없이 뻔질나게 드나드는 벌 키우지 않는 것이다.

개망초의 억울함

불리는 이름
올가미 씌운 전설 그러거니 한다

하지만
정작 억울한 것은
흉터 하나 가릴 사생활이 없다는 것
설렘과 그리움이 온전히 뿌리 품어도
생사의 갈림길이 제 몸 밖에서 이루어진다는 것

눈곱만한 운명이 제 몫이라는 거다
이방인처럼.

민들레

누군가
떨어뜨린 노란 단추
4월의 여린 풀잎들
따스한 체온으로 여미어 준다.

개나리

가습에만 피는 꽃 아니다
머리에서 발 끝까지 환하게 피우는 꽃이다

햇 봄 뜨는 빛깔로 피워
겨우내 주눅 곱씹은 몇몇 몸짓과
생트집으로 각 세운 속내
노란 웃음 스며들게 하는 꽃이다

더구나 높이 혼자 피는 일 없이

어깨동무하듯
발맞추듯
햇살 젖줄에 나란히 꿈 달아 놓듯

봄빛 하나 되게 하는
내 어릴 적 동무 같은 꽃이다.

나비

꿈과 꿈 사이
간격 엿보지 않는
자유의 화신.

*하이쿠

비밀

너와 나 사이
문지기 따로 없는
사랑의 은신처.

*하이쿠

담쟁이

합동 훈련하듯
오지의 벽 오르는 의지

준비 운동, 채 끝나기 무섭게
맨몸으로 휘갈기는 바람
불화살로 받아낸다

오직 스스로의 푸른 제복으로
운명의 스크럼 짜듯
서로 잡아 주고 끌어 주며
여름날의 정면 완성시킨다

서열로 낯빛 바꾸는 일 없고
정복의 희열로 꽃은커녕
꽃무늬 하나 가슴에 새기지 않는

8월의 이등병이다.

관심 밖이 좋을 때가 있다

흙탕물 괸 웅덩이
물 항아리 푸듯
원 그리며 풀 생각 아예 말아라

신발 적시고 말 것을
발목 덮친다

기도하듯
고뇌의 깊이로 내 것 될 때까지

가벼이 지나쳐가는 것이
상처 없이 지나가는 그림자

흙탕물 그냥 튕기지 않듯

맹랑한 상처
눈길 가까울수록 오래 어둡다.

빈 잠

몇 겹의 그늘 껴입은 여자
한나절 잠에 빠진다

찌그러진 양푼 같은 얼굴로
불붙인 지 오래된 석유 난로 같은 몸뚱이로
구석에 몰린 해진 햇살 끌어당기면서

生의 리듬 잊어버린 듯
싹둑싹둑 잘린 나무토막 같은 꿈
잠꼬대에 붙인다

호명될 수 없는 잠의 민낯
적요를 파먹고 있다.

낙서의 힘

세상살이 가끔 멍게처럼 멍 때리거나
복어 배처럼 더부룩할 때
낙서는 속풀이 용이다

굳이 팔팔 끓이거나
거품 걷어내지 않아도 된다

혀 차는 소리로 쓰든
욕사발로 쓰든
발 고린내로 쓰든

가식 없이 쓰는 낙서

볼품없고 무력한 것이
진실 한 줄 건드리지 않아도
속 우려내는

내밀한 국물이다.

품격이 다르다

실력도 힘도 아닌
그저 가위바위보로 1년 운 맡겨야 할 때

어떤 이는 목덜미 뒤로 숨겼다 냈다 손에 불을 켜고
어떤 이는 허리춤에 감췄다가 손에 스파크를 일으킨다

그러나 감춤 없는 목련꽃 같은 마음 하나
바람 속에 눈치코치 혼란스러워도
응시의 미소 우윳빛으로 머금을 뿐

한바탕 웃음 높이 뽑아 들지 않는다.

배려

당황은 가슴에 성냥 긋는 일이다

눈을 뜨든 감든
얼굴 불붙는 난로처럼 타올라

옆 사람이 옆 사람에게 저기 옆 사람까지
눈 휘둥그레지게 한다

그래서 누군가가 옷 뒤집어 입고
점잖은 단상 올라와도

저만치에서 넉넉히 바라볼 일이다

비양 한 송이 꺾듯
눈빛 꺾지 말아야 한다.

민들레의 초대장

누구라도 언제라도 놀러 오라고
장미처럼 저항의 몸짓으로 가시 품지도
나팔꽃처럼 저녁이면 웃음 말아 두지도 않아요

딱지치기 고무줄놀이 숨바꼭질하지 못해도
나직이 얼굴 마주 보고 이야기할 수 있고
센 바람이 어깨 건들지 않아 책 읽기 좋아요
무엇보다 높이 깊게 꿈꿀 수 있는 하늘 있어요

그러니 서둘러 오세요
풀뿌리처럼 자리 넓혀 두지 못했어요.

Ⅲ부

빗줄기 껍질 없다

빗줄기 껍질 없다

빗줄기 우두둑
꺾는소리 내질러도
껍질 없어
쌓이고 쌓여도 흘러내린다

보이는 바닥 전부 아니라는 듯
무량의 깊이로 스며들어
사랑인지, 하냥 그리움인지

정적 깨우는 빗소리 옛 노트로 듣고 있으면
낡은 페이지에서 살굿빛 추억 번지고
빗살무늬 토기 같은 그리움
나직이 도랑물 소리 난다.

무관심

단지 뚜껑 먼저 새집으로 보냈을 뿐인데
대문 밖 엉덩이 풍만한 항아리 천덕꾸러기 된다

동네 어슬렁거리는 똥개 한쪽 가랑이 슬쩍 걸쳐 보는가 싶더니
볼썽사나운 사내 누런 이빨 자국 담배꽁초 휘 버린다
심술궂지 않은 할멈 찢어진 비닐 아무런 생각 없이 쑤셔 놓는다
하굣길 꼬맹이 먹다 남은 과자 봉지 툭 던진다

쌓인 쓰레기 더미로 씨 간장 담을 수 있는 숨 쉬는 항아리
장독대 엄마의 추억을 넉넉히 품어 준 항아리
더는 안으로 들어갈 일 없게 한다

누군가가 제 등에 붙이는 종이 색깔 보지 않고도 잘도 맞추면서
눈앞 남의 일 눈빛 두지 않는
회색.

멸치

한 생애 소신공양이다

눈물 한 방울
피 한 방울 허투루 휘발시키지 않는
바다의 은빛 자비다

동전 한 닢 내어 주고
내심 복 들어오길 기대하는 사람들 모르는

눈부신 혼이다.

갈피

쪼개질 것 같은 합판에 쏘옥 올라온 못
다시 박는 건 여간 어려운 일 아니다

녹슨 못은
못이라 그런대로 괜찮지만
나무가 아닌 합판이라는
갈피

희망에서 포기를
포기에서 희망 쥔 망치처럼

가장 무거운 몸짓
엉거주춤이듯

늘그막에 소일거리가 그렇다.

대기 번호

합격이든 불합격이든 분명한 색깔 있지만
대기엔 色 없다

간절함이 색이라
햇살 캐는 봄처럼
하늘빛 부르는 5월의 잎새로 칠해 볼 일이다

합격이든 불합격이든 알맞은 소리 있지만
대기엔 音 없다

침묵이 음이라
바위처럼 다리처럼 묵직한 혼 가져 볼 일이다

합격이든 불합격이든 제자리 있지만
대기엔 빈자리도 없다

하여 부활 꿈꿀지언정 비상 바라지 않는 기다림 있다.

순간접착제

제 생활은 용도 변경하지 않아요

그렁그렁한 한 방울도 느낌표나 마침표로 만날 뿐
허튼수작 부리지 않아요

그런 제가 "요주의란 표찰로 세상과 소통하기 전부터
냉정한 눈빛과 마주해야 하는 서러움
한순간 배반할 줄 모르는 내 운명

아시는 당신이여!

세로로 "찰떡궁합"이란 푸른 글씨로 응원하면 안
되나요?

발걸음 마음 닮았다

엄마가 가신 후
택시가 지나가고, 어쩌다 오는 버스 황망히 사라져도
더는 동동거림 없다

간절함 무너지면
속도와 거리 마음의 중심에서 멀어지는가

달리는 차 잡던 손 차갑고
차 뒤꽁무니 바라보는 눈 헐겁다

안타까운 시간 하늘가 멀리 연처럼 날리면서
길 위엔 헛발질하는 개구리 소리 남는다.

발바닥

많은 길이 바닥이라면
내 몸의 길 발바닥이다

아무리 이상이 머리 꼭대기에서 손짓한다 해도
내 사랑의 꽃이 정원에 백 년 핀다 해도
동무들 문지방에서 유창하게 불러대도

내 발바닥 없다면
몸
앉은뱅이 시계처럼 있었을 것이다

고뇌의 질량과 몸의 크기 다 견디면서
스스로
모습을 드러내지 않는 지고지순한 사랑이다.

별

지는 해는 하루의 응답이다

서둘러 문 닫지 마라

듣고 답하는 절정에서 별은 뜬다

아직 네 가슴에 별이 뜨지 않은 건
제대로 높은 어둠에
머물러 본 적 없기 때문이다

빛나는 별
사투다.

모래

쌓았다 무너지고 쌓았다 무너지는
평생 공사 중이다

수행
멀고도 먼 길일까
알몸이 까칠하다

내 안에도 한 줌 있다.

도마뱀

근성 못 말리는 걸까
몸의 총량이 안부인 줄 모르는 비루한 놈이다

도끼 찍는 소리도
낫 쳐내는 소리도 아닌
돌팔매 시늉에도 무성한 울음 잘라내듯
황급히 잘라 줄 태세

그것이 대단한 전략이라는 듯

앞 휘어잡고 돌진하는 대가리
대가리 속에 박힌 생존의 파편들

저 어처구니가
평생 제 몸 학대하는 벌로 살아가게 하는 걸까

놈의 마지막 순간 아무도 본 적 없다.

몬스테라

동냥하듯 마시고 남은 물 쪼르륵 주든
놋대야 가라앉은 기분으로 찔끔찔끔 주든
따라오는 강아지 발소리로 찰랑찰랑 주든
삼백예순날 녹 빛 꺼뜨리는 일 없다

꽃 한 송이
풀피리 부를 여리디여린 잎새 하나 없어도
무료한 줄 모르고 시원시원 산다

당당함이 저런 걸까
이미지 꾸미지 않는다.

그러거니

내심 섭섭하고 안타까워도 사람의 일이라
그러거니 받아드리게 하더니

깜박거림 잦아도 내 몸의 일이라
그러거니 맡기게 한다

때로는 내 편이라 믿었던 사람이 남의 편에 가까워도
마음의 일이라 내려놓게도 한다

늦가을 바람으로 비어가는 내 나이
그러거니에 합장하게 하는 건

부처도 공자도 맹자도 아닌 곁에 있는 당신

현상 재현하지 않는 강물처럼
흐름 따르게 하는 깊은 사랑

인생 공부이게 한다.

나목

색색의 인연 훌훌 날리고
남몰래 뒤척인 살빛 내음
말리고 말리는 영혼

눕거나 앉는 일 없이 서 있는 그대로

머리 흔들면 흔드는 대로
팔다리 꺾으면 꺾이는 대로
젖줄 끊으면 끊어진 대로

아낌없이 내어 줄 뿐

서릿발 치는 계절도
제 이름으로 산다.

잎사귀는 귀가 없다

몇 날 며칠 가뭄 들어오자
잎사귀는 바스락바스락 소리로 포기 각서를 쓴다

숨 가쁘게 완성할 것 있다는 듯
남은 것은 퇴락밖에 없다는 듯

바닥 깔고 표정 비틀며
아직 오지 않은 시간마저 귀 닫고
生을 망가뜨리고 있다

그랬다
열매를 맺어 본 적 없는 것들은
절망이 절망만으로 오는 줄 안다.

IV부

10월의 안부

엄마는 그랬다

자식이 뭐 길래

적막

슬픈 눈동자

집 품이다

안전지대

10월의 안부

갈대

벽

습관

박수

새는 화병 없다

거짓말

분노 태우다

詩 앞에

엄마는 그랬다

간신히 막차 탔다
안도는 잠깐
밖이 추리소설 읽듯
방향이 묘연하다

이크,
차를 잘못 탄 것이다

급한 대로 동생한테 전화한다
벽에 공 튕기는 목소리로 '그럴 줄 알았어.'

언니한테 한다
화장 고치는 소리로
"그럴 수 있어"

아빠한테 전화한다
안테나 세우듯
'걱정하지 마라'

엄마한테 말한다
모닥불 피우는 목소리로
“괜찮아, 내가 갈게”

이미 도착한 보름달이다.

자식이 뭐 길래

새벽 기도 속에는 사랑하는 여러 사람 있지만
자식
앞자리 지정석이다

산의 모양 바뀌고 바다 색깔 달라져도
해는 동쪽에서 뜨는 것처럼

아무리 내 단단한 소망이 8월의 손끝에서 아이스크림으로 녹아도
친구의 금 간 안쪽 소식이 가슴 뒷면까지 절려도
새벽 기원 첫 호흡에 있다

어떤 안타까움 목 빼고 있어서도 아니고
사는 기쁨 다 제쳐 놓듯 숨 가쁜 간절함 있어서도 아니고
도장 찍듯 성스러운 약속한 것도 아닌데

샘물 새벽 맞이하듯
그냥 저절로 그 자리 있게 한다.

적막

입주름 가득 모아 밥알 넘기는 엄마

시계추가 천만 번 왔다 가는 동안
겨우 밥상 물리는 엄마

두부 물컹이 물고는
"씹는 맛이 시원하다"

한참 늦은 아픔
누구도 닦아 낼 수 없는 바람처럼
희죽이 말하는 엄마

엄마의 방에 식은 밥 내음 둥둥 떠 있다.

슬픈 눈동자

내 최초의 요람 엄마의 자궁이다
착한 양식과 영혼의 즐거움 마음껏 받을 수 있는
그리하여 내 심장은 온유했고 열 손가락 열 발가락은
꿈꾸기 충분했다

날 채우고 밖으로 나오자
붉은 함정으로 꿈 낙하산 추락하듯
발원지 없는 무덤이고
몸 모어를 잃은 찬 햇살 속에 있었다

그러나 가까이 사이렌 소리
가슴 동백꽃으로 물들어도
아무런 기척 내지 않은 건
18살 엄마의 숨결과 눈 마주해서는 안 되는

천지간의 단 하나
사랑이기 때문이다.

집 품이다

도토리 줍기로 먼 산 붉게 쏘다니는 동안

앉은뱅이책상 위엔 종이 갈피 속에 뾰족한 연필 드러누워 있고
언제 왔는지 모를 소포 설렘 잊은 지 오래인 듯 테이프 끈적인다
빨랫줄 꽃무늬 몸뻬 바지 질퍽한 흙냄새로 걸쳐 있고
닭들은 여기저기 헤집어 난리법석이다

비워 둔 현상 증명하듯
그러나 본질은 늘 그랬듯이
어떻게 오든 무슨 일을 하고 오든

다 품어주는 엄마의 치마폭

도토리 봉지 건들건들 들고 와도
눈치 주지 않는다.

안전지대

길게 잡은 논두렁 걸어가면
비쩍 마른 나무 한 그루 있다

가지만큼이나 많은 참새들 머리 한쪽으로 두고
입 수시로 여닫으며 앉아 있다

골똘한 것 있다는 듯
눈 깜빡거리며 곧 다가올 가을 들녘
날개로 세우고 있다

그러나 누구도 나무 향하여
새총을 조종하지 않는다

나무는 새들의 놀이터가 아니라
보금자리다.

10월의 안부

선글라스 벗기도 전에 따가운 햇살 멀어져 간다

쓰담쓰담 바람
겨울 채비하라 한다

나
어디엔가 남아 있을 가을 꽁초 물으러 간다
안주머니에 마른 성냥개비에 붙일 그리움을

조심조심
서두름 없이.

갈대

물가 아닌 늪에서 사는 갈대
용장이다

살 한 점
피 한 방울 베어 본 적 없어도

계절 바뀔 때마다
혼돈 깊이에서 성숙한 넋

칼 가는 소리를 낸다

빼앗을 것도 빼길 것도 없는
유일한 자산 외로움

죽은 자도 가질 수 없는 혼의 자유

지키고 싶은 거다.

벽

싸움이라는 건
붙었다 하면 힘이 된다

소리 뒤섞이지 않아도
힘줄 뻗지 않아도
자신만의 주문 걸지 않아도

사람이든
짐승이든

등이라 읽지 않고
무너뜨릴 숙제라 읽으면

서로의 정직한 고백 된다.

습관

밀가루 음식 그만 먹고
밥 먹어야지

단단히 마음 고쳐먹지만
어느새 라면 끓이고 있다

구두 신어 볼까
생각의 꼬리 올리기 전에
늘 신고 다니는 운동화를 신는

최면술에 걸린 것처럼

못 박듯 의지 박아도
버릇 견고해지면 그만의 세계 환해지는가
정신 차릴 새 없이

안개나라처럼 나를 지배한다.

박수

박수는 내 몸의 악기다
손수 만든

제작은 기쁨 응원 따뜻한 가슴
수명은 내 손 피돌기 끝나는 그날까지

비록 예술적 감각과 장인정신 없어도
믿음만 있으면 되는

밝은 기운 품은 짝짝짝 소리가
순도 높은 사랑만큼이나
너와 나의 환희의 가교다.

새는 화병 없다

지붕 없어도
모아 둔 양식 없어도
사시사철 갈아입을 옷 없어도

자신의 그림자 밟는 일 없이

사랑하고 속삭이듯 노래하며
하늘 벗 삼아 춤추는
여행자

지금 여기를 살 뿐

어제와 내일 일들 따옴표로 물고 다니지도

화석 같은 고뇌 파고들지도 않는다.

거짓말

내 거짓말 유통기간 얼마나 될까

콩비지만큼 일까
정어리 통조림만큼 일까
선반 위에 북어만큼 일까

그리고 용서는 얼마만큼 일까
비바람 씻어내는 용문산 은행나무만큼,
아가리 똥 덩어리 내리는 변기 물만큼,
애인의 착한 눈빛만큼,

어질어질 뒤를 캐는 사이
빵 터지고 마는 풍선이다.

분노 태우다

쓰레기 태우듯 태웠다
지글지글 소리 넘치는 시퍼런 내 안의 것들을
불붙은 전압선 끊어 내듯
성급히 태웠다

가만히 두면 내밀한 고백 없이 터질 전선

골 때리는 이목구비 소금물로 씻는 심정으로

주먹 쥔 격정과 함께 쓰레기 태우듯
술 한 모금 적시지 않고 태웠다

가슴 비우기 위해.

詩 앞에

처음 떠오르는 생각
고요를 피우듯

은은한 시의 언어 될 때까지
사물이 네게 말을 걸 때까지
내 안의 내가 나를 부를 때까지
생각에 예의 갖춘다

부처님 앞에 다소곳한 무릎처럼
지그시 감은 속눈썹 평온처럼
아무것도 걸쳐 놓지 않는다

물의 뿌리로 연꽃 피우듯
시심 가슴에 피운다.

이종영 시집 해설

사물의 냉철한 관찰과 여백의 시적 형상화

— 이종영 시집 『빗줄기 껍질 없다』를 중심으로

金京秀 (詩人, 文學評論家)

36년 동안 한 주소에 정착하며 살았듯이
시 세계에서 24년 살았다.
그러다 보니 몇 권의 개인시집과 다수의
공저를 상재하며 시 울타리서 야트막이 지냈다
이번에 또 한 번 삶의 흔적과
사물의 의미를 내 시각으로 풀어 놓듯
조심스레 시집을 낸다.
-〈시인의 말〉 전문

1. 들어가는 말

시 작품을 창작한다는 말은 시인의 상상력을 말한다고 할 것이다. 그렇지만 그 상상력이란 것이 절대 만만하지 않다. 어디까지가 과학이고 어디까지가 현실인지 시인의 무한한 정신세계의 한계점은 없는 것 같다. 이는 신앙을 승화시키는 것과도 같은 수련 과정을 거쳐야 한다는 사실이다. 이번에 시집을 내는 이종영 시인 또한 25년 동안 그의 시작詩作 생활 동안 나름의 체험한 결과의 화답이 이번 시집에서 특별한 감각으로 나타난 작품집이 아닌가 생각이 든다. 모든 세상사 인간에게는 자기 나름의 깊던 얕든 간에 신앙과 믿음의 마음을 가지고 산다고 생각해 보면 시를 쓰는 길에 치열한 문학정신을 신앙처럼 삼고 사는 사람- 즉, 시인으로 사는 생활이 얼마나 힘들고 고독한 작업인가를 필자는 알 수 있음이다.

시를 쓰는 마음가짐은 이처럼 어렵고 고된 작업임이 분명하기에, 마치 종교인이 믿음의 대상을 향해 심신心身을 받치는 것이나 조금도 다름이 없는 작업이다. 위대한 시인은 항상 조화의 시기를 부릴 줄 모르며-순수한 인간 감정을 표상화表象化한다고 보면, 시 창작의 정신은 세세細細한 사물의 형상과 소리, 그리고 인간의 희로애락喜怒哀樂의 조화된 정신을 언어라는 문자를 빌려 표상화시키고 있다. 산문이 평범한 삶의 관조를 나타내는 것이라면 운문은 창조이며, 지적知的 창작이다. 또한 시는 모든 것을 다 풀어놓는다면 시의 맛이 없을 것이다. 시는 적당히 감추고, 또 적당히 함축시키고, 더러 과감히 생략하며(여백) 어떤 이미지를 그림자처럼 보여줌으로써 잔잔한 감동이 일어나게 하고 그 감동이 마음속에 오래 남아있게 하는 것이 좋은 시詩가 아닌가 하는 생각이다.

이렇게 볼 때 이번 시집 《빗줄기 껍질 없다》을 상재하는 이종영 시인은 이번 시집에서 랜섬이 말한 물질의 세계를 상징적으로 드러내는 사물시 형식을 통해 사물의 내관을 들여다보는 자신만의 특별한 서정의 눈을 가졌다는 것을 알 수 있었다. 일상과 환경 그리고 우리의 시에서 영원히 떠날 수 없는 관념의 것들을 소재로 하는 일상성을 벗고 새로운 의미로 변환되는 사물로써 서정적 사유를 풀어내고 있는 것이다.

그는 2000년에 《문학 공간》 문예지로 문단에 데뷔하여 그동안 제1시집 『붉은 사과는 열리지 않는다』 제2시집 『물꽃』를 출간하며 자신의 분야에서 확실한 시인의 위치를 확보한 시인임은 분명한 사실이다. 시를 통해 그리움과 회한의 세월을 접고 사물과의 대화를 통해 세계를 재발견함으로써 자기 구원 즉, 새로운 생의 정열을 불태울 것을 찾고자 함이다. 바른생활과 아름다운 마음을 유지하며 반듯하게 살아온 그의 삶을 엿볼 수 있음이다.

2. 사물을 바라보는 눈

옷가지 훌훌 털고
살마저 짐 될까
꺾고 꺾은 영혼

땅 딛는 소리
돌 치는 소리
세상 시름 부딪히는 소리

맑게 가늠하는
눈먼 설움 달래는 동행자

달리거나 뛰뮘
허용하지 않는 수행자 걸음

-〈지팡이〉 전문

위 인용 시는 지팡이가 가지고 있는 어떤 제한적인 의미를 담고 있다 할 것이다. 우리들이 망각하기 쉬운 현실 인식을 4연으로 처리한 이를테면 자의식의 발로이다. 인간이나 동물은 누구나 땅을 밟으며 살고 있다. 불안전한 공간에서 자신을 의식하면서 갈수록 어려워지는 삶의 현상을 지팡이로 대신해 어떻게 하면“ 맑게 가늠하는/눈먼 설움 달래는 동행자” -〈지팡이〉(3연) 가 되어 “땅 딛는 소리/돌 치는 소리/세상 시름 부딪히는 소리” -〈지팡이〉(2

연) 를 절대 달리거나 뛰어서는 안 되는 현실의 불안전한 세상에서 중요한 건 수행자의 걸음걸이로 가야만 절대 어떤 세상의 높이에서도 넘어지지 않고 늠름하게 걸을 수 있다는 수행자의 삶을 지팡이의 독백을 통해 시적 묘미를 끌어내고 있으며, 자신의 본질을 정확하게 심화시켜주고 있다.

이러한 시인의 사물을 바라보는 눈은 다음 시에서도 나타나고 있음을 알 수 있다. 시인 대부분은 하나의 대상인 사물을 보고 화자의 주관적 감정을 그 대상에 넣어서 표현하는 것이 일반적이나, 이종영 시인은 자신의 주관적 감정의 개입 없이 사물에 대한 구체적인 관찰을 통해 치밀한 묘사를 하고 있다.

큰손이든 작은 손이든
누구의 한 손에 잡히지 않아도 먹힌다

통
통
통
누가 쳐도
쉼. 소리 맑을수록 잘 먹히는

칼끝이 심장 푹 찔러도

단 한 순간도 움츠린 적 없이
짝 악 내어 주는 몸
해탈이다.
　　　　　–〈수박〉 전문

위 시는 비록 3연으로 된 짧은 형식이지만 시인이 우리의 일상과 아주 가깝고 그 누구든지 쉽게 접할 수 있는 과일인 수박이라는 사물을 통해 자연의 원리 속에서 자아를 발견하고 삶의 통찰에 이르는 과정을 함축적으로 압축하고 있다. 시인은 이처럼 사물에 자신의 주관적 감정을 불어 넣지 않아도 삶과 죽음, 탄생과 소멸의 과정에서 순간과 영혼으로 흐르는 경지를 표출하는 특별한 시안을 가지고 있다. 수박의 표정을 시인은 "통/통/통/누가 쳐도/쉼, 소리 맑을수록 잘 먹히는" -〈수박〉(2연) 수박이라며 청각적 표현으로 나타내고 있으며, "칼끝이 심장 푹 찔러도/단 한 순간도 움츠린 적 없이/짝 악 내어 주는 몸/해탈이다."-〈수박〉(3연)에서는 섬뜻한 시각화로 내면의 심층적 정황을 형상화하고 있으며, 새롭게 바라보는 현실에 자신의 몸을 내어주고 마침내 해탈에 도달한다.

이 시에서 알 수 있는 것처럼 사물의 속성에서 참된 모습을 찾는 일은 진리나 정의를 찾는 일과도 같기 때문에 시인의 눈과 귀는 항상 열려 있어야 하며, 무한한 상상력의 소유자여야 한다는 말이다.

형편 바랜 서랍에 굴러다녀도 구김살 없다

세상 물정 고요해서일까
홀로 와 덩그러니 남든
얹혀 오고 얹혀 가든

표정 바꾸지 않듯
몸 팔랑거리지 않듯
앞뒤 약속 다른 불량 없다

설령 한 닢 가난으로 돌아와도
혓소리 찢는 소리 없이

딸랑
마알간 소리 동그랗게 품고 있을 뿐

스스로 은폐시키지 않는
저 진솔함

내 60년근 욕망 부끄럽게 한다.

—〈동전 한 닢〉 전문

위 시에서 화자는 "형편 바랜 서랍에 굴러다녀도 구김살 없다" -〈동전 한 닢〉(1연)를 통해 화자 60년의 인생 욕망으로부터 부끄러움을 성찰하게 한다. "설령 한 닢 가난으로 돌아와도/혓소리 찢는 소리 없이" -〈동전 한 닢〉(4연) 시인은 갈수록 오염되어가는 세상의 인간들에게 그들이 사는 세상을 향해 "딸랑/마알간 소리 동그랗게 품고 있을" -〈동전 한 닢〉(5연) 공감각적 표현으로 오염되지 않는 동전을 던진다. "스스로 은폐시키지 않는/저 진솔함"으로 -〈동전 한 닢〉(6연) 인간의 세상에 동전 한 닢을 통해 맑고 푸른 인간 세상을 바라고자 하는 화자의 삶에서 비롯된 가난한 동전은 시인의 슬픈 욕망을 지니고 있다.

위 시 세 편에서 살펴본 것처럼 시인은 자신과 다른 사물의 관계에서 인생을 바라보며 자신의 여정을 아름다운 돌다리를 건너듯 한발 한발 건너고 있다. 그가 건너는 현실의 강은 과거의 시간과는 다른 생동하는 밝음의 세계로 나타나고 있다.

3. 꽃에서 자아 찾기

우리나라의 시詩 독자들은 아름다운 삶의 본질이나 자연을 읊은 서정적 내용의 시를 사회현실이나, 현상을 노래한 시보다 더 선호한다는 내용의 조사를 아주 오래 전에 신문기사를 통해 읽은 적이 있다. 어렵고 난해한 시보다는 어느 누가 탐독하더라도 마음에 감동이나 메시지를 느낄 수 있는, 즉 비교적 일상생활에서 가까이 접하는 쉬운 언어를 통해 명상의 시간을 갖는 것이 더 좋다는 이야기 일 듯싶다.

시가 외롭지 않기 위해서는 무엇보다도 삶의 소중함 체험을 아름답거나 진솔한 언어로 내면의 세계를 객관적 측면으로 내놨을 때 그것이 자연이든 인간사든 또 다른 어떤 사물이든 간에 언제나 마르지 않는 창작의 샘물이 솟아난다고 할 수도 있을 것이다

뜨락에 떨어지는 두려움
동그랗게 그리다 마는 빗방울
창백한 꽃이다

피고 지고 피고 져도 상처 맑아
안타까움 고요해지는

여린 봄날 풀잎 소리 나는
내 언니 그리운 풍경 같은 꽃

촛불마저 수선스러운 날
빗줄기에 기대여 가만히 내려다보면

초연을 묻게 하는

하나의 생명이다.

-〈물꽃〉 전문

시는 삶의 진솔함에서 감동할 수 있어야 한다. 시 〈물꽃〉에서 느낄 수 있듯이 있는 그대로를 바라보는 자연에서 그의 순진무구와 여리고 여린 어린애 같은 인간의 순수한 마음을 읽을 수 있어 퍽 다행스럽다 아니할 수 없다.

뜨락에 떨어지는 빗방울을 바라보는 시인의 눈은 참으로 안타까울 정도로 마음이 좌불안석坐不安席이다. "뜨락에 떨어지는 두려움/동그랗게 그리다 마는 빗방울/창백한 꽃이다" -〈물꽃〉(1연)처럼 여린 빗방울이 동그라미를 그리는 풍경을 바라보는 마음은 그리 오래 가지 못하고, 곧바로 창백한 꽃으로 변하고 만다. 이러한 시인의 시적 긴장과 참신한 감각적 표현은 그의 대부분의 시에서도 나타나고 있는 현상으로 화자의 기능에 충실할 뿐만 아니라 객관적 사물의 영상을 통해 현실성과 구체성을 현실감 있게 전달하고 있어 독자들을 끌어모으는 이종영 시인만의 시작법이라 할 것이다. 다시 말해 시인의 주관적 감정을 배제하고 사물의 있는 그대로의 모습을 객관적으로 묘사한 수작이라 할 것이다. "피고 지고 피고 져도 상처 맑아/안타까움 고요해지는//여린 봄날 풀잎 소리 나는/내 언니 그리운 풍경 같은 꽃" -〈물꽃〉(2~3연) 물꽃을 바라보는 시인의 눈은 찰라의 물꽃을 통해 자신이 말하지 못하는 삶과 죽음을 시로써 울림을 자아내는 목소리로 표출하고 있다.

혹시나 떨어질 때마다 상처가 나지는 않을까 바람에 죽지나 않을까? 그러다가 꽃이 동그란 물꽃으로 피어날까? 가슴을 웅크린 채 또 다시 꽃이 질까 고요해 지다가 결국 '상처' 마저도 맑게 발견하는 심안에서 시인의 목소리는 애상에 젖어 있는 것만은 아니며, 나름의 사물을 바라보는 냉철하면서도 빛나는 진실을 고독 속에 숨겨 놓고 있는 것은 아닌지. 또한 '여린 봄날 풀잎 소리 나는 내 언니 그리운 풍경 같은 꽃'은 언니와 물꽃과의 비유적 결합에서 인격적 성숙미가 주는 정서적 정신적 가치를 형상화하는 이종영 시인의 힘이라 할 것이다. 그 힘이 초연을 묻게 하는 하는 하나의 생명일 것이다.

꽃이라서 피는 것이 아니라
피어서 꽃이 되는

천지사방 어디에서 피어도
마음밖에 피지 않듯
고개 숙이고 피지 않듯

떨어져도 다시 피듯
따로 씨받이 두지 않는

이목구비 환하게 피게 하는 秀作

누구도 꺾을 수 없는
혼의 꽃.

—〈웃음꽃〉 전문

이 시는 꽃이 피어나듯 환하고 즐겁게 웃는 웃음을 사람이 웃는 웃음판을 비유하여 쓴 시다. 식물은 생존을 위해 꽃을 피운다. 식물에 있어 꽃은, 사느냐 죽느냐 하는 문제와 연결된다고 본다. 사람이 피우는 웃음꽃 또한 살아가는 생존전략일 수도 있다. 시인은 "꽃이라서 피는 것이 아니라/피어서 꽃이 되는 -〈웃음꽃〉(1연) 표현처럼 1연은 역설과 도치법이 함께 사용되었다. 역설의 의미를 보자면 꽃이 피는 행위 자체를 통해 꽃의 존재가 완성된다는 의미를 강조하고자 했음일 터이고, 역설은 꽃이 피는 행위의 중요성을 부각하기 위한 표현이라 생각해도 무방할 것이다.

이러한 시인의 시작 태도는 단순히 아름다운 꽃의 외형을 묘사하는 것이 아니라, 존재의 본질은 외형이나 결과 아닌 과정 자체에 있다는 깊은 의미를 전달하고자 하였을 것이다. "떨어져도 다시 피듯/따로 씨받이 두지 않는" -〈웃음꽃〉(3연)처럼 다시 말해 웃음꽃을 통해 시인이 표현하고자 하는 의식의 흐름은 단순히 피어나는 꽃이 아니라 피어나는 과정을 통해야만 비로소 아름다운 꽃이 된다는 진리일 것이다. "이목구비 환하게 피게 하는 秀作" -〈웃음꽃〉(4연)과 "누구도 꺾을 수 없는/혼의 꽃" -〈웃음꽃〉(5연) 곧 이것이 시인에게 있어 자아를 찾아가는 구원이 아닐까 하는 생각이 든다.

합동 훈련하듯
오지의 벽 오르는 의지

준비 운동, 채 끝나기 무섭게
맨몸으로 휘갈기는 바람
불화살로 받아낸다

오직 스스로의 푸른 제복으로
운명의 스크럼 짜듯
서로 잡아 주고 끌어 주며
여름날의 정면 완성시킨다

서열로 낯빛 바꾸는 일 없고
정복의 희열로 꽃은커녕
꽃무늬 하나 가슴에 새기지 않는

8월의 이등병이다.

-〈담쟁이〉 전문

이종영 시인은 주변의 일상에서 발견하는 사물을 구체

적 시안으로 관찰하는 매력이 있다. 〈담쟁이〉 역시 길거리를 지나가다 벽을 타고 오르는 담쟁이를 보며 8월의 이등병이 마치 처음으로 군에 입대하여 훈련하는 모습처럼 재기발랄한 감수성과 경쾌하고 유쾌한 비유적 이미지로 표상화하고 있지만, 결코 가볍다거나 사물의 관찰에만 의존하는 우려는 전혀 없는 시상 전개가 돋보이는 작품이다. 시로써 무엇을 관찰하지 않고 시로 자아에 대한 삶의 흔적을 찾아가는 그의 목소리는 여백의 울림으로 작용하고 있다. "서열로 낯빛 바꾸는 일 없고/정복의 희열로 꽃은커녕/꽃무늬 하나 가슴에 새기지 않는" -〈담쟁이〉(4연) 8월의 이등병처럼- 그의 또 다른 작품을 감사해 보자.

누구라도 언제라도 놀러 오라고
장미처럼 저항의 몸짓으로 가시 품지도
나팔꽃처럼 저녁이면 웃음 말아 두지도 않아요

딱지치기 고무줄놀이 숨바꼭질하지 못해도
나직이 얼굴 마주 보고 이야기할 수 있고
센 바람이 어깨 건들지 않아 책 읽기 좋아요
무엇보다 높이 깊게 꿈꿀 수 있는 하늘 있어요

그러니 서둘러 오세요
풀뿌리처럼 자리 넓혀 두지 못했어요.

–〈민들레의 초대장〉 전문

여기서 우리는 이 시의 중심소재인 민들레 꽃이 구체적 사물에 대한 감각적 체험을 정신적 이미지로 묘사되고 있음을 알 수 있다. 어떻게 보면 민들레 꽃이 상징하는 대상이 화자 자신이길 바랄 수도 있을 것이다. "누구라도 언제라도 놀러 오라고/장미처럼 저항의 몸짓으로 가시 품지도/나팔꽃처럼 저녁이면 웃음 말아 두지도 않아요" -〈민들레의 초대장〉(1연)에서처럼 그냥 오라는 말이다. 그냥이라는 것은 아무것도 조건이나 모습이나 치장이 없는 말 그대로 그냥인 것이다. "딱지치기 고무줄놀이 숨바꼭질하지 못해도/나직이 얼굴 마주 보고 이야기할 수 있고/센 바람이 어깨 건들지 않아 책 읽기 좋아요/무엇보다 높이 깊게 꿈꿀 수 있는 하늘 있어요" -〈민들레의 초대장〉(2연) 민들레의 초대는 이처럼 무슨 재미있는 놀이가 없어도 나직이 얼굴 마주 보며 이야기할 수 있다는 그 자체가 사람이 살아가야 할 이치를 깨닫게 해주는, 이를테면 높이 꿈꿀 수 있는 하늘이 있다는 행복의 메아리는 주의를 기울이지 않으면 들을 수 없는 여운이 오래 남는 작품이다. 이처럼 꽃에서 자신을 찾아가는 시심을 가진 시인이 부럽기만 할 따름이다.

지금까지 몇 편의 꽃을 주제로 한 작품을 살펴보았는데,

화자가 말하는 꽃은 다분히 추상적이거나 관념이 아니라, 우리가 일상생활에서 자주 만나는 구체적 사물을 매개로 한 꽃을 나타내는 것으로서 그 개별성을 나타내고 있는 것이 특징이라고 할 수 있을 것이다.

4. 냉철한 관찰과 여백의 대화

"시는 자기 생활 속에서 유동되고 있는 언어의 모색이다. 시에 있어 자기 생활을 떠난 언어의 사용은 그 시인의 죽음을 의미한다. 시의 언어에 생명이 있다는 의미는 곧 그 시인 생활 속의 생명이라는 의미가 내포되어 있음을 의미할 수도 있다. 시는 자기 생활 속의 체험에서 다져지고 갈아낸 언어의 결정이다." 독일의 시인이며 비평가인 바이스(Konrad Weiss; 1880~1940)가 「시인과 언어」에서 한 말이다.

이 말은 자기 생활의 유동 속의 언어를 다스려 시화하는 것은 다 아는 사실이지만, 신앙생활 속의 언어 선택의 시화는 생명을 가진 기능 활동이 보통 시인과는 다르게 다가온다는 말일 것이다.

빗줄기 우두둑
꺾는소리 내질러도
껍질 없어

쌓이고 쌓여도 흘러내린다

보이는 바닥 전부 아니라는 듯
무량의 깊이로 스며들어
사랑인지, 하냥 그리움인지

정적 깨우는 빗소리 옛 노트로 듣고 있으면
낡은 페이지에서 살굿빛 추억 번지고
빗살무늬 토기 같은 그리움
나직이 도랑물 소리 난다.

–〈빗줄기 껍질 없다〉 전문

시인은 철학자나 과학자처럼 논리적 과정으로 사물이나 세상을 바라보거나 이해하는 것이 아니라, 감각적 체험을 대상 그 자체가 아니라 언어라는 도구를 사용하여 환기한다. 이것을 우리는 이미지화한다고 하는 것인데 시, 〈빗줄기 껍질 없다〉는 이번 시집의 제목이기도 하지만, 시인이 삶을 영위하는 동안 체험에서 터득한 가슴 속에 무의식으로 꿈결처럼, 샘물처럼 숨어있다 나타나는 묵언의 수행이라고 볼 수 있을 것이다. 이 시의 요소는 앞에서 살펴본 시의 형태와는 다른 모습을 보이며, 시 정신은 어떤 영적 작용이 표상화된 작품으로 보인다.

우린 모두 욕망이 아우성치는 세상 속에 살고 있다. 하지만 모든 걸 다 내려놓은 상태, 집착 없는 고요한 상태에

선 모든 것이 무량이다. “빗줄기 우두둑/꺾는소리 내질러도/껍질 없어/쌓이고 쌓여도 흘러내린다” -〈빗줄기 껍질 없다〉(1연) 빗줄기가 껍질 없이 쌓이고 흘러내리는 모습을 통해, 형태는 잘 알 수 없지만 강렬한 감정으로 다가오는 느낌이다. ‘우두둑’ 소리는 청각적 심상을 자극하며, 빗줄기의 역동성을 보여주고 있다. “보이는 바닥 전부 아니라는 듯/무량의 깊이로 스며들어/사랑인지, 하냥 그리움인지” -〈빗줄기 껍질 없다〉(2연)처럼 시인의 투명한 마음에서는 모든 세상사가 보이는 바닥 전부가 아니라는 현실의 자신과 이상적 자신과의 간극을 발견하고, 한없는 은혜라는 걸 깨닫는다. 시인의 빛나는 시심은 산맥에서 상상의 광맥을 캐는 시인과도 같다 할 것이다. 광맥을 캐는 시인의 마음은 ‘사랑인지, 하냥 그리움인지’의 표현처럼 시인의 복잡하고 미묘한 감정을 효과적으로 드러내고 있다.“정적 깨우는 빗소리 옛 노트로 듣고 있으면/낡은 페이지에서 살굿빛 추억 번지고/빗살무늬 토기 같은 그리움/나직이 도랑물 소리 난다.” -〈빗줄기 껍질 없다〉(3연) 여기서 ‘옛 노트’는 과거의 추억을 담고 있는 매개이며, ‘살굿비 추억은’ 따뜻하고 아름다운 과거의 회상을 나타내고 있다고 보여진다. ‘빗살무늬 토기’는 오래된 그리움을 상징하며, ‘도랑물 소리’는 과거의 평온하고 아름다운 시간을 떠올리게 한다. 여기서 빗소리는 단순한 자연 현상을 넘어 과거와 현재를 연결하는 매개체 역할로 시인은 빗소리를 들으며 과거의 아름다운 추억을 떠올리거나 깊은 신앙적 그리움을 느끼게 한다. 이 시는 시끌벅적 어지러운 세상에서 천천히 돌아가는 아날로그 방식을 초대해 삶을 영위한다면 지극히 현실적 피안에 든 생을 살아갈 수 있음을 보여주는 작품이다. 또한 자신의 삶을 구체적으로 사물에 대상화하는 상상의 수행을 통하여 삶의 기쁨과 자유를 누릴 수 있는 길임을 시인은 이 시를 통해 잘 알고 있을 것이다.

평소에도 이종영 시인을 만날 때 느끼는 필자의 감정은 언제나 일상에서의 명랑 성을 발견하곤 했는데 그러한 모습들이 시속에 특이한 감성으로 펴 보인다는 사실에 절창이란 이런 것이구나 하는 생각을 이 시집의 시 60편을 탐독하는 내내 떨쳐 버릴 수가 없었다.

한 생애 소신공양이다

눈물 한 방울
피 한 방울 허투루 휘발시키지 않는
바다의 은빛 자비다

동전 한 닢 내어 주고
내심 복 들어오길 기대하는 사람들 모르는

눈부신 혼이다.

-〈멸치〉 전문

어느 날 오후 하늘은 파랗고 푸른 바다에는 햇볕이 내리쬐는 근처의 한적한 숙박지의 테라스에 앉아서 팔길이보다 멀리 있는 바다를 본다. 여린 파도가 햇볕을 받아 은빛 멸치 떼로 파닥이는 모습을 본다. 얼마나 소신공양이면 "눈물 한 방울/피 한 방울 허투루 휘발시키지 않는/바다의 은빛 자비" -〈멸치〉(2연)로 다가왔을까? 눈물 한 방울 피 한 방울 허투루 날리지 않는 자연의 이치, 파닥거리는 삶의 고통은 파도를 불러오고 멸치를 불러오고 바다의 자비 은빛을 바라보지만 내심 복 들어오길 기대하는 사람들이 모른다는 사실에 시인은 가슴이 아프다. 그 아픈 가슴속엔 언제나 누구에게 보시를 해야하는가? 를 묻는 화답은 "눈부신 혼이다." 압축적이고 절제된 언어로 외롭고 소외된 존재들을 감싸 안으려는 공감과 연민을 드러내고 있다.

많은 길이 바닥이라면
내 몸의 길 발바닥이다

아무리 이상이 머리 꼭대기에서 손짓한다 해도
내 사랑의 꽃이 정원에 백 년 핀다 해도
동무들 문지방에서 유창하게 불러대도

내 발바닥 없다면
몸
앉은뱅이 시계처럼 있었을 것이다

고뇌의 질량과 몸의 크기 다 견디면서
스스로
모습을 드러내지 않는 지고지순한 사랑이다.

–〈발바닥〉 전문

프랑스 시인이자 비평가인 니콜라 부알로는 그의 저서 《詩法 L'Art poetique》에서 *'시인은 즐겁든 간에, 숭고한 일이든 간에 시인으로서는 일단 고뇌에 빠진다. 이성을 사랑하고 감정을 버리는 과학자와 지성인들도 시작품 앞에서는 고민 상을 짓는다. 극단을 피하는 일반의 평범한 인간들에게는 감수할 수도 없고 사고할 수도 없는 높은 元에서 自己를 찾는 고민을 하는 것이 시인의 작업이다. 진리의 미는 곧 시심과 가장 가까운 거리에서 대화하고 있기에, 인간은 누구나 시를 무언중에 감상하며 그 시 작품 속에서 자기를 찾으려고 한다.'*의 말처럼 시인은 일단은 자신이 체험한 모든 현상에 대하여 고뇌에 빠진다. 그것이

즐거운 삶이던, 괴로운 삶이든 숭고한 일이든 간에 자신이 바라보고 겪은 사물 속에서 자신의 모습을 찾으려 노력을 한다는 것이다. "아무리 이상이 머리 꼭대기에서 손짓한다 해도/내 사랑의 꽃이 정원에 백 년 핀다 해도/동무들 문지방에서 유창하게 불러대도//내 발바닥 없다면/몸/앉은뱅이 시계처럼 있었을 것이다" -〈발바닥〉(2~3연) 시는 시인의 생활 표현이라는 말처럼 시 〈발바닥〉은 자신의 육체의 하나인 발바닥을 통해 거울처럼 함께 존재하는 정서가 내포하는 또 다른 의미에 주목할 필요가 있다. 즉, 희생 없는 삶은 희망도 없다는 말과 동일 선상에서 조화로움으로 일치하고 있다는 것을 보여 주고 있다.

5. 지고지순한 사랑, 그 숭고함으로

시인에게 주어진 시의 소재는 시인이 시를 쓰기 이전부터 이미 존재하는 만상과 만물이다. 시인이 존재한다고 생각하고 존재한다고 표현하는 데 있어서 시인은 마침내 시인으로 존재하는 것이다. 그렇다면 존재하는 시인의 사랑 온도는 몇 도나 될까? 아마도 이런 질문에 대한 답변은 여러 모양으로 대답이 나올 것이다. 그 사랑은 어떤 연유의 사랑이건, 어떤 형태의 사랑이건 우리는 사랑하지 않고는

이 세상을 단 하루도 살 수 없을 것이다. 서로가 상대의 체온과 감성을 느끼면서 사랑을 동경하고 또 체험해 왔다. 그리하여 따스해지는 하나의 일치된 감정들이 마음으로 전해질 때 사람들은 사랑의 온도를 느끼게 되는 것이다.

쇠꼴 베는 시퍼런 낫 소리 무성한 언덕배기 앉아 있어도
꼭지 옆으로 비틀거나
자리 들썩이지 않는다

벌레 들어올세라,
흉흉한 소리 들을세라,
번잡한 냄새 맡을세라,

삼복더위 두껍게 입고
잎새 흔들고 간
바람의 그림자 마실 뿐

가슴 덮이는 노란 입덧 비우고 비워
젖 내음으로 흠도 티도 없이 하얀 사랑 넉넉히 키우는
마흔 넘어 동생 잉태한 엄마 닮았다.

–〈늙은 호박〉 전문

이 시는 〈늙은 호박〉을 통해 어머니의 숭고한 사랑과 생명력을 나타내고 있다. 늙은 호박을 통해 외부의 자극에도 흔들리지 않는 어머니의 모습을 비유하고 있다. "쇠꼴 베는 시퍼런 낫 소리 무성한 언덕배기 앉아 있어도/꼭지

옆으로 비틀거나/자리 들썩이지 않는다" -〈늙은 호박〉(1연) 처럼 날카로운 낫 소리와 같은 세상의 위협에도 미동치 않는 늙은 호박처럼 어머니는 세상의 시련과 온갖 고난을 버티며 꿋꿋하게 어머니의 자리를 지키는 모습을 비유적으로 표현하고 있다. "벌레 들어올세라/흉흉한 소리 들을세라/번잡한 냄새 맡을세라/ -〈늙은 호박〉(2연)은 세상의 부정적인 요소로부터 자신을 스스로 철저하게 차단하는 내용으로 이는 어머니가 자식을 키우면서 해로운 환경으로부터 보호하려는 어머니의 지고지순한 헌신적 모습을 표현하고 있다. 이러한 어머니의 모습은 4연에서 숭고한 모성애를 지닌 어머니를 닮은 늙은 호박의 모습으로 존재한다. "가슴 덮이는 노란 입덧 비우고 비워/젖 내음으로 흠도 티도 없이 하얀 사랑 넉넉히 키우는/마흔 넘어 동생 잉태한 엄마 닮았다." -〈늙은 호박〉(4연) 여기서 늙은 호박의 노란 속은 어머니의 입덧을 상징하며, 하얀 젖 내음은 순수한 사랑을 상징한다. 그래서 늙은 호박은 마흔이 넘어 동생을 임신한 어머니처럼, 힘든 시간을 이겨내고 순수한 사랑으로 생명을 키워내는 숭고 존재로 나타나고 있다. 이러한 시적 연결은 그의 시 〈엄마는 그랬다〉 〈자식이 뭐 길래〉 〈적막〉으로도 이어진다. 시인은 자연의 사물에서 인생을 보며 시를 탄생시키는 매력이 있다.

입 주름 가득 모아 밥알 넘기는 엄마

시계추가 천만 번 왔다 가는 동안
겨우 밥상 물리는 엄마

두부 물컹이 물고는
"씹는 맛이 시원하다"

한참 늦은 아픔
누구도 닦아 낼 수 없는 바람처럼
히죽이 말하는 엄마

엄마의 방에 식은 밥 내음 둥둥 떠 있다.

-〈적막〉 전문

이 시는 노쇠한 어머니의 일상과 그 속에 잠긴 깊은 슬픔을 섬세하게 그려 내고 있다. "입 주름 가득 모아 밥알 넘기는 엄마//시계추가 천만 번 왔다 가는 동안/겨우 밥상 물리는 엄마" -〈적막〉(1~2연)에서 표현했듯이 주름 가득한 입으로 밥을 먹는 모습이며, '시계추가 천만 번 왔다 가는 동안' 겨우 밥상을 물리는 엄마의 모습에서 어머니의 삶이 얼마나 긴 시간 동안 이어져 왔는지를 생생하게 보여주고 있다. 또한 늙고 병들어가는 어머니의 현실적 모습을 통해 삶의 무상함을 느끼게 한다."두부 물컹이 물고는/"씹는 맛이 시원하다"//한참 늦은 아픔/누구도 닦아 낼 수 없는 바람처럼/히죽이 말하는 엄마" -〈적막〉(3~4연)과 같이 물컹한 두부를 씹으며 시원하다고 말하는 모습을 생생하게 묘사하고 있으며, '한참 늦은 아픔'은 어머니가 오랜 시간 동안 아픔을 숨기고 살아왔음을 암시하고 있다. '누구도 닦아 낼 수 없는 바람처럼 히죽이는 엄마'라는 표현은 어머니의 슬픔이 깊어 그 누구도 위로할 수 없음을 보여주고 있다 할 것이다. "엄마의 방에 식은 밥 내음 둥둥 떠 있다." -〈적막〉(5연)의 표현은 어머니에 대한 그리움과 적막함을 드러내며, 시 전체에 쓸쓸한 분위기를 더하고 있다. 세상의 모든 어머니는 이렇다 할 것이다.

마지막으로 시인의 시에 대한 단상을 감상하며 끝을 맺을까 한다.

처음 떠오르는 생각
고요를 피우듯

은은한 시의 언어 될 때까지
사물이 네게 말을 걸 때까지
내 안의 내가 나를 부를 때까지
생각에 예의 갖춘다

부처님 앞에 다소곳한 무릎처럼
지그시 감은 속눈썹 평온처럼

아무것도 걸쳐 놓지 않는다

물의 뿌리로 연꽃 피우듯
시심 가슴에 피운다.
-〈詩 앞에〉 전문

이 시는 시인이 시를 쓰는 과정과 시를 대하는 마음가짐을 시인이 겪은 체험을 중심으로 구체적으로 표현한 작품이다. "처음 떠오르는 생각/고요를 피우듯" -〈詩 앞에〉(1연) 시인의 시적 영감은 갑작스럽게 떠오르는 것이 아니라 고요함 속에서 서서히 피어나는 것임을 자신의 시적 체험을 비유적으로 나타내고 있는 대목이다. "은은한 시의 언어 될 때까지/사물이 네게 말을 걸 때까지/내 안의 내가 나를 부를 때까지/생각에 예의 갖춘다" -〈詩 앞에〉(2연)는 말은, 시인이 밖의 세계와 내면의 소리에 귀 기울이며 시적 영감이 떠오르기를 기다리는 시인의 지극히 정당한 시작 태도를 보여주고 있으며 시 앞에 겸손하고 존중하는 자세가 중요하다는 시인의 자세와 사명에 대하여 언질을 주고 있다. "부처님 앞에 다소곳한 무릎처럼/지그시 감은 속눈썹 평온처럼/아무것도 걸쳐 놓지 않는다" -〈詩 앞에〉(3연)의 내용은 시를 쓰는 행위가 마치 종교의식처럼 경건하고 평화로운 정신임을 나타내는 것으로, 선입견이나 아집 없이 객관적이고 순수한 마음으로 임한다는 것을 의

미한다는 것으로 해석할 수 있다. “물의 뿌리로 연꽃 피우듯/시심 가슴에 피운다.” -〈詩 앞에〉(4연)은 시적 영감이 마치 물속에서 연꽃이 피어나듯이 내면의 깊은 곳에서 솟아나 시를 쓰게 되는 과정을 말하고 있다. 이 시를 통해 시를 쓰고 시를 배우는 사람들에게 깊은 영감과 공감을 줄 수 있는 수준 높은 작품으로 보여진다.

5. 나가면서

에드거 앨런 포는 “시란 미의 운율적인 창조다”라고 말했다. 이 말은 시는 다른 문학의 양식들에 비하여 짧고 함축적이며 음악성이 있는 특징을 가진다는 것과 같은 의미로써, 이종영 시인은 일상의 모습과 자연의 모습 속에서 서정적 감상을 통해 이러한 시가 갖는 특징들을 잘 표현하는 시인이라 할 것이다. 그는 자연과 사물과 대화를 통해 시적이라는 공간 속에서 부활의 소생이며 소멸과 해체의 과정을 지켜보는 시안을 가지고 있음이 분명하다. 그것은 시인의 마음속에 아직도 마르지 않는 청순함으로 사물을 바라볼 수 있는 아름다운 시안이 있었기에 가능한 것이라 할 것이다. 이는 자신의 관념을 사물에 옮기지 않고도 냉정한 관찰과 구체적 묘사로 시적 감흥을 전달하는 능력이 있기 때문이다. 시인은 심상을 통해 여러 가지 무엇인가를 만들고 있으며, 시간과 공간을 넘나들며 항상 잠복해 있는 시상들을 그리고 있다. 이종영 시인의 재기발랄한 감수성과 상상력을 바탕으로 짧은 압축의 시에서 피워올리는 시적 상상력을 통한 이미지의 기능 연금술은 이번 시집의 묘미 중 묘미이다.